Otto Heinrich Kühner · Pummerer

Otto Heinrich Kühner

Pummerer

100 komische Gedichte

Mit Zeichnungen von Gerhard Glück

Ausgewählt und mit einem Nachwort versehen von Friedrich W. Block

Bibliografische Information der Deutschen Bibliothek
Die Deutsche Bibliothek verzeichnet diese Publikation in der Deutschen Nationalbibliografie; detaillierte bibliografische Daten sind im Internet unter

http://dnb.ddb.de aufrufbar

1. Auflage 2021

Einbandgestaltung unter Verwendung des Gemäldes »Pummerer«
von Gerhard Glück
Verlag Winfried Jenior, Marienstraße 5. D-34117 Kassel
www.jenior.de
ISBN: 978-3-95978-083-4

ORTSVERÄNDERUNG

Entdeckung Europas durch einen Indianer 1493

Zum Beweis, daß er ihr Land beschritt,
Brachte Kolumbus einen Indianer mit.
Der wurde, sichtbar für alle Welt,
Am Marktplatz von Sevilla ausgestellt.
Da konnte er durch die Stäbe des Käfigs sehn,
Wie die weißen Götter vorübergehn,
Die Götter, die ihnen über Nacht
Eisen, Geld und Pulver ins Land gebracht.
Doch er sah nur Grölende und Bezechte,
Sah Händler, Henker und Folterknechte,
Sah Höflinge, Schergen und Gefangne,
Sieche, Zerlumpte und mit Gold Behangne,
Hörte, zwischen Glockengeläut und Litanei,
Kommandos, Rutenschläge und Wehgeschrei,
Sah die Köpfe sich nach ihm drehn und neigen
Und spöttisch auf ihn, den Wilden, zeigen.
Da fühlte er, im Ohr die Schläge und Schreie,
Hinter den Gittern sich als der einzig Freie
Und sehnte sich, wieder am Feuer zu sitzen,
Vorm Zelt, und an seiner Pfeife zu schnitzen,
Dem Wind in den Gräsern und Bäumen zu lauschen,
Den Wellen des Bachs, die am Felsen rauschen.

Jeder kennt Kolumbus, der Amerika,
Keiner den Indianer, der als erster Europa sah.

Nachdem es durch Mozart und Verdi bisher
Nicht gelang, nicht durch Dante, Pascal und Homer,
Hoffe ich, daß durch die spanischen Apfelsinen,
Die englischen und portugiesischen Ölsardinen,
Die dänischen Eier und den französischen Käse,
Kurz, wenn man all das wie bisher weiter äße,
Salami aus Italien, Schokolade aus der Schweiz,
Daß dann in wenigen Generationen bereits,
Wenn diese Ernährung nur konsequent geschehe,
Ein gesamteuropäischer Mensch entstehe,
Daß man zumindest, falls es doch länger währte,
In sich die Hoffnung darauf nährte.

Reporter

Es quälte ihn, daß er bei Maria Stuarts Exekution,
Bei der Begegnung Goethes mit Napoleon
Oder bei dem Bergsturz im Wallis vor einem Jahr
Mit seiner Kamera nicht zugegen war.
Auch lauerte er neulich mehrere Tage lang
Vergeblich an einem unbeschrankten Bahnübergang.
Immerhin hat jetzt Prof. Payer ihm zuliebe
(Auf seine Bitte, daß er sie verschiebe)
Die Entdeckung der sog. ›Payerschen Mikroben‹
Bis zu seinem Eintreffen um eine Stunde verschoben.

Freier Wille

Prof. S. (wegen der erhofften Stärkung der Moral
Mit staatlichem und kirchlichem Kapital)
Erfand ein Mittel, verabreicht in Form von Pillen,
Das verstärkend wirkte auf den freien Willen.
Die Folgen waren, so las man, katastrophal:
Staatsanwälte gingen statt ins Amt ins Bierlokal,
Viele Leute fuhren auf der falschen Straßenseite
Und suchten, von der Polizei gestellt, das Weite,
Bürgermeister erweiterten beliebig den Etat,
Bräutigame verweigerten am Altar ihr ›Ja‹,
Sozialisten vertraten faschistische Ideen,
Kurz, die Folgen waren nicht abzusehen,
Und man hat, unter Billigung auch der Theologen,
Die Pille jetzt schnell aus dem Handel gezogen.

Freiberuflich

Ich kenne einen Ingolstädter, der
Stellt erwerbsmäßig Seifenblasen her,
Züchtet, nach einem Fünfjahresplan,
In Treibhäusern Disteln und Löwenzahn,
Unterhält nebenher einen kleinen Vertrieb
Von Staub und transportiert in einem Sieb
Jeden Abend nach Arbeitsschluß
Wasser in den nahe gelegenen Fluß.
Ich finde, daß dieser Herr aus Ingolstadt
Den einzig freien Beruf auf Erden hat.

Elektronische Auszahlung von Arbeitslosengeldern

Man hat, um in den kommenden Jahren
Weitere Arbeitskräfte einzusparen
Und in Zukunft die überholten, alten,
Verfahren rationeller zu gestalten,
Computer eingesetzt, für hohes Kapital,
Die aber, ohne das geringste Personal,
Nach dem einfachen, das heißt, bloßen,
Einstecken einer Karte, den Arbeitslosen
(Also mit einem geringsten, minimalen
Arbeitsaufwand) ihre Gelder ausbezahlen.
(Man plant, gegebenenfalls in solchen Fällen
Weitere, unbeschäftigte, Computer einzustellen.)

Vervollkommnung

Ich habe einen entfernten Verwandten
Aus Hamm, einen erfolgreichen Fabrikanten,
Der erfand eine Faser, so stark und fest,
Daß sie sich nicht einmal zerschneiden läßt.
Die Faser wurde aus aller Welt
In großen Mengen vorausbestellt,
Und mein Verwandter begann in Kürze schon
Im neuen Betrieb mit der Produktion.
Doch dann stellte er am Ende fest,
Daß die Faser sich nicht zerschneiden läßt.
So konnte er sie in keinerlei Stücken,
Geschweige denn irgendwohin verschicken,
Und sein Betrieb ging noch vor der Zeit
Zugrunde an solcher Vollkommenheit.

»Ach, sich wieder einmal satt essen können!«
Sagte eine Frau in Haidarabad
(Denn sie war fast ein Skelett).
»Ach, sich wieder einmal satt essen können!«
Sagte eine Frau in Freudenstadt
(Denn sie war um die Hüften zu fett).
Man sieht, beide hatten gemein:
Sie waren es satt,
Hungrig zu sein.

Weihnachten

Am Heiligen Abend löste im Transformatorenhaus
Ein Wassertropfen einen Kurzschluß aus.
Lichter und Lampen erloschen, Millionen Watt,
Plötzlich alles dunkel und still in der Stadt.
Da auch die Radio- und Fernsehgeräte nicht gingen,
Mußte man ›O du fröhliche‹ selber singen;
Pfarrvikar M. mußte, ähnlich den Propheten,
Anstatt vom Blatt aus dem Herzen reden,
Irgendwo entzündete jemand ein Kerzenlicht
Und sagte zu einem Kind: »Fürchte dich nicht!«

3 Celsius im Nerz der Frau Seifert

3 Celsius oder 2,4 Reaumur
Entwischten durch die offene Tür
Und gelangten, längs einer Zimmerreihe,
Dann durch den Keller, hinaus ins Freie.
Doch draußen auf der Ernst-Reuter-Allee,
Da standen sie frierend im nassen Schnee
Und schlüpften Frau Seifert unter den Nerz,
Da wurde dieser ganz warm ums Herz,
Und sie spendete, obwohl ohne Religion,
Auf offener Straße für die Innere Mission.
(Dies ist ein deutliches Beispiel für
Die Nachwirkung von Celsius und Reaumur.)

In Bayern und anderswo

Jetzt beschloß der Innenminister von Bayern,
Sich vor den Neuschwansteiner Gründungsfeiern
Rechtzeitig mit dem Parkproblem zu befassen
Und das Schloß demnächst abreißen zu lassen,
Um für den zu erwartenden Besucherverkehr
Dort Parkplätze zu schaffen, erläuterte er.
Auf den Einwurf, es fehle dann das Objekt,
Für das man diese Entlastung bezweckt,
Antwortete der Minister, das sei übertrieben;
Auch sei der Auftrag bereits ausgeschrieben,
Und es komme heute jeder, wenn er erfahre,
Daß man ihm den Aufstieg zu Fuß erspare.

Ortsveränderung

Pummerer schlägt vor – jüngst erläuterte er's –,
Zur Senkung des Sonntagnachmittagverkehrs
(Das heißt, des unnötigen Hin und Hers)
Für all die Besuchsfahrten nach anderswo
Die Betreffenden einfach zu tauschen, etwa so:
›Tausche liebe Schwiegermutter in Ibbenbüren
Umständehalber gegen ebensolche in Düren‹
Oder ›guterhaltene nette Freundin nahe Hagen
Gegen eben solche im Umkreis von Remagen‹,
Wobei man auch Meinungen tauschen müsse,
Meinte er, Höflichkeiten, Liebkosungen und Küsse;
Der Verkehr gehe so – nicht mehr bloß Transport –
Von Mensch zu Mensch, statt von Ort zu Ort.

Nachgiebigkeit gegenüber der Parknot

Pummerer, wenn sie im Schnee nicht greifen,
Löst das Problem der Winterreifen,
Auch etwa das Problem des Auto-Staus,
Überhaupt des ungenügenden Straßenbaus,
Auch der Ölverteuerung, beziehungsweise
Der wieder steigenden Treibstoffpreise,
Löst sogar das Parkproblem, zumindest seines:
Er hat statt eines Autos – keines,
Das heißt, hat eingelenkt und kraft
Besserer Einsicht sein Auto abgeschafft;
Kurzum, er hat, wie meist im Leben,
Nachgegeben.

Volkserhebung

Pummerer, zusammen mit dem Lehrer Kraus
Im Biergarten der Gastwirtschaft ›Schützenhaus‹,
Stellte fest, wie plötzliche Gewitterböen
Die Leute zwangen, fluchtartig aufzustehen,
Auf welche von ihm schnell durchdachte
Beobachtung er Lehrer Kraus aufmerksam machte,
Nämlich, daß entgegen dem Gedicht jenes Sowiesos,
»Das Volk steht auf, der Sturm bricht los«,
Daß also, im Gegensatz zu diesem Gedicht,
Auf den Sturm der Aufstand folge, nicht,
Wie der Dichter schrieb, im umgekehrten Verlauf,
Also: »Der Sturm bricht los, das Volk steht auf«,
Vielleicht nicht – was diese Beobachtung bestätige –
Das Volk der Dichter, doch das einfache, werktätige.

Denkmal für eine Diakonissenschwester

Pummerer, betreut von einer Schwester
Aus Kaiserswerth mit Namen Esther,
Beschloß, ihr, der getreuen, schlichten,
In der Stadt ein Denkmal zu errichten.
Er suchte lange, doch fand er zuletzt
Die schönsten Plätze bereits besetzt,
Und zwar von hohen Persönlichkeiten
Wie Goethe, Bismarck oder Wilhelm II.,
Und alles übrige in bezug
Auf eine Diakonisse nicht gut genug.
So errichtete er, zu stetem Erinnern,
Ein Denkmal ihr in seinem Innern.

SCHLACHTBESCHREIBUNG

Neue deutsche Nationalhymne

Ich liebe deine Schmetterlinge,
Den Wegerich am Wiesensaum,
Ich liebe an dir das Geringe,
Die Wolken und den Quittenbaum.
Ich darf dich, wenn ich will, verlassen,
Zu lieben dich ist keine Pflicht,
Ich darf dich sogar schmähn und hassen,
Und deshalb hasse ich dich nicht.

Susanne, Marion, Klaus und Dieter
Sind meines Glückes Unterpfand,
Miró, Verlaine und Schubertlieder,
Mein Traum von einem schönren Land.
Ich darf dich, wenn ich will … etc.

Es würde, Deutschland, dich nicht geben,
Wenn nicht durch Nachbar Schmidt und mich,
Auch werden einst dich überleben
Die Wolken und der Wegerich.
Ich darf dich wenn ich will … etc.

Denkmalinschrift

ZUM GEDENKEN AN DIE SCHLACHT VON
HALBERSTADT,
DIE AM 12. APRIL 1904
WEDER HIER
NOCH SONSTWO STATTGEFUNDEN HAT,
SOMIT 11490 MANN VOR DEM TOD
BEWAHRT
UND UNSERER STADT NOT UND ELEND
ERSPART.
SCHENKE UNS GOTT ALLHIER AUF ERDEN
NOCH VIELE SCHLACHTEN,
DIE NICHT GESCHLAGEN WERDEN!

Lebensgefährliche Kriege

Der Ritter v. H., der sich, 1530, in den Wogen
Der Bauernkriege in den Harz zurückgezogen
Und somit bis heute an einem sicheren Ort
Alle Kriege überlebt, den 30- und 7jährigen usf.,
Den Freiheits- und 70er Krieg, v. a. die Zeiten
Der Weltkriege, des ersten und zweiten,
Der also hat sich jetzt erstmals hervorgewagt
Und einen Spaziergänger nach der Lage befragt,
Sich aber, von dem gutmeinenden Mann bewogen,
Schleunigst wieder zurückgezogen.

Diskussion mit einem Panzer

»So hör doch! Angenommen, wir beide hätten … «
Der Panzer rasselte mit seinen Ketten.
»Du kannst mich doch überhaupt nicht verstehn … «
Der Panzer begann, seinen Turm zu drehn.
»Ich zähle mich doch auch genau wie du … «
Der Panzer klappte die Luke zu.
»Also, ich schlage Folgendes vor … «
Der Panzer hob das Kanonenrohr.
»Die Wahrheit … « Doch mit einem Papperlapapp
Schoß der Panzer dröhnend das Wort ihm ab.

Man sieht, bei der Frage, was gut oder schlecht,
Hat im Zweifelsfall immer der Panzer recht.

Herstellung von Ruinen

Durchlaucht ließen, romantisch anzuschauen,
Damals in einem Park ein Schloß erbauen,
Kunstvoll, im Stil alter zerfallener Schlösser,
Überall die Torsos der Ritter und Rösser,
Zerborstene Mauern, Zinnen und Kamine,
Kurzum, im Stil einer Ruine.
Nach 150 Jahren, 1943, wurde sie bombardiert
Und nachträglich als solche legitimiert.

Der Preisträger

Er hätte mit 20 für sein Drama ›Der Kreis‹
Erhalten den Gerhart-Hauptmann-Preis,
Mit 26 für seinen Lyrikband ›Apostrophen‹
Den Preis der Gruppe 47 in Inzigkofen
Und mit 42 für seine ›Theseus-Trilogie‹
Den Preis der Deutschen Akademie.
So wäre es gegangen Schritt für Schritt
Bis zum Goethe-Preis und Pour-le-mérite.
Doch er fiel mit 18 und liegt irgendwo
In der Steppe zwischen Rostow und Stalino.

Ein Reim auf Mensch

Wer weiß noch von Hentsch, jenem Offizier,
Der, September 14, vom Großen Hauptquartier
Mit Vollmacht zum rechten Flügel gesandt,
Dort die militärische Lage so schwierig fand,
Daß er, überängstlich, die deutschen Armeen
Anwies, hinter die Marne zurückzugehn …
Er, nicht Sarajewo, hat Geschichte gemacht,
Hat, ahnungslos, deren Rad ins Rollen gebracht;
Denn hätten damals, so wie die Sache liegt,
Die deutschen Armeen an der Marne gesiegt,
Hätten wir noch Pickelhauben und salutierten
Vor Kaiser Wilhelm, dem III. oder dem IV.
(Ich stelle fest, dies schreibend, ›Hentsch‹
Ist einer der seltenen Reime auf ›Mensch‹.)

Schlachtbeschreibung

» … Und jetzt, unter Einsatz aller Mann,
Greifen sie aus der eigenen Linie an,
Tasten den Gegner ab nach Schwächen,
Versuchen, die Verteidigung aufzubrechen …
Nein, über die linke Flanke zu umgehn,
Da die Verteidiger verbissen kämpfen und stehn.
Doch jetzt überrennen sie diese und brechen vor,
Durchstoßen den Riegel und – Tor! Tor! Tor!«

Vertagung der Revolution

Die Revolution wurde auf Weisung von oben
Von 12 Uhr 30 auf 13 Uhr verschoben.
(Der betreffende Fernsehwagen mußte vorher
Zu einem Empfang bei der Bundeswehr.)
Bis dahin war Zeit, die Glut zu entfachen,
Zu proben und sich telegen zu machen.

Doch dann verunglückte der Fernsehwagen,
Und man mußte die Revolution erneut vertagen.

Verschwiegener Nordwandbesteiger

Er bestieg als erster die Nordwand des Eiger,
Weil aber andererseits ein Schweiger,
Blieb seine Tat im ganzen Land,
Selbst im Lokalanzeiger,
Völlig unbekannt,
Und er hat, obwohl ihr Erstbesteiger,
Die Nordwand des Eiger,
Wie alle anderen, die darüber schwiegen,
Nie bestiegen,
So wie Kolumbus Amerika
Nicht als erster sah,
Aber der erste war, der es gezielt,
Nicht für sich behielt.

Mangel an Vorkommnissen

Kurz vor Redaktionsschluß, abends um zehn,
War in der Stadt noch zu wenig geschehn;
Es gab jedenfalls, bei einer anomalen
Geringen Anzahl von Unfällen und Skandalen
– Es war in Marburg – eine Lücke im Lokalen.
Doch ein Selbstmord, ein Sprung von der Brücke,
Schloß dann im letzten Moment die Lücke.
Es hieß auch, daß der Betreffende ›aus Leere‹
Oder aus ›unerklärter Ursache‹ gesprungen wäre,
Ja, er habe den Sprung in den Fluß (die Lahn)
Möglicherweise gar nicht absichtlich getan.

›Er nimmt es von den Lebenden‹

Ein Leichenwagen
Wurde aus der Kurve getragen.
Außer der Leiche, ein Herr Roth,
Waren alle Insassen sofort tot,
Das heißt, für alle, Herrn Roth ausgenommen,
War jede Hilfe zu spät gekommen,
Und die Kurve wurde für alle,
Bis auf Herrn Roth, zur Todesfalle.

Herzübertragung

Herrn Koch wurde – bei einem Herzversagen –
Das Herz eines gewissen Herrn Leitgeb übertragen.
So griff Herr Koch, bei Kummer oder Schmerz,
Sich von jetzt ab an Herrn Leitgebs Herz,
Verliebte sich – es passierte ihm noch nie –
Sogar an eine leichtfertige Witwe vis-à-vis
(Daß heißt, er verlor Leitgebs Herz an sie)
Und drückte sie, am Ende eines Konzerts,
Im Kurpark von Bad Nauheim an dessen Herz.
Doch jene hatte (aus dem Geschlechte derer
Von Six-Erkenich) schon einen Verehrer;
So bekam bald darauf – es war Ende März
In einem Städtchen unweit des Rheines –
Herr Koch hinterrücks ein Messer ins Herz,
Doch er lachte nur – es war nicht seines.

VON A BIS Z

Von A bis Z

Pummerer schenkt Ihnen das B, das f und K,
Das C, s, Ö, T, j, v, a, Q, R, x … etc.,
Kurz, noch völlig unberührt und untendenziös,
In jeder Menge alle Buchstaben des ABC's.
(Darunter auch beispielsweise das Ü und u
Wie in Goethes ›Über allen Wipfeln ist Ruh‹)
Sie können daraus Muscheln machen oder Schnee,
Auch Menschen, Pummerer etwa, sogar eine Fee,
Auch das schönste Gedicht, es kommt daran
Nur auf die Reihenfolge der Buchstaben an.

Sprachtechnik

Prof. F. plädiert dafür, bei ganz offenbaren
Bloßen Floskeln eines der Wörter einzusparen,
Bei ›Lug und Trug‹ etwa, ›Zaum und Zügel‹,
›Schritt und Tritt‹ oder ›Schloß und Riegel‹;
Also etwa in jenem Falle von ›Lug und Trug‹
Nur ›Lug‹ zu sagen, in anderen: ›mit Fug‹,
›Sie standen in Reih‹, ›sie lebten in Saus‹,
›Sprangen über Stock‹, ›gingen unter mit Maus‹ …
Die Zeit sei für solche Rationierung reif,
Behauptete Prof. F. auf Befragen steif.
Doch man hielt es frank in Bausch übertrieben,
Wie er sich dem Fall auf Biegen verschrieben,
Kurz, man tat mit Fug und mit allem Dran
Ihn von Seiten der Wissenschaft in Acht.

Abspeisung mit Wörtern

Pummerer, im ›Ritter‹, wartend auf sein Essen,
Blätterte in der Speisekarte unterdessen:
›Zartschmelzend‹, ›knusprig‹, ›knackig‹, ›deftig‹,
›Vollmundig‹, ›köstlich‹, ›kroß‹ und ›kräftig‹,
›Aromatisch‹, ›göttlich‹, ›exquisit‹, ›pikant‹
Und was da sonst noch alles stand.
Plötzlich erwuchs in ihm, sprachlich-subtil,
Durch Wörterfülle Völlegefühl,
Und, satt wie nach einem üppigen Mahl,
Verließ er, ohne zu essen, das Lokal,
Ja er tat, ›göttlich-Deftiges‹ in sich,
Noch tausend Schritte, vorsorglich.

Würdigung der Unkräuter

Pummerer erhob Unkräuter wie Männertreu
Tausendschönchen, Frauenmantel und Osterluzei,
Unkräuter also, die nach Klang oder Laut
Weit schöner als das eigentliche Kraut,
Als Weiß- und Blaukraut oder Wirsingkohl,
Als Kappes, Kohlrabi und Karfiol,
Auch lustiger: Ackerpfennig und Kälberkropf,
Hirtentäschel, Storchschnabel und Klappertopf …
Erhob also einfach jene Unkräuter zum Kraut
Und hat sie in seinem Garten angebaut.
(Ein Zeichen, wie Pummerer auf Sprache vertraut.)

Die Nutzung von Fremdwörtern

Pummerer sagt statt ›Fraktur‹ ›Fraktion‹,
Statt ›imposante‹ ›impotente‹ Person,
Oder auch ›elitiös‹ statt ›elitär‹,
›Aktie‹ statt ›Aktion‹ und dergleichen mehr;
Spricht über die ›offizinellen‹ Feiern etwa
Oder dies und jenes andere ›Themata‹.
Er fühle sich, meint er, glücklich dabei,
Da der Gebrauch von Fremdwörtern ›Glückssache‹ sei;
An der Heiterkeit, die er dabei verbreite,
Sehe er, daß er mit ihnen auch Glück bereite.
(Manche gebraucht er, wegen des Glücks,
Absichtlich falsch, in der Art eines Tricks,
Um, etwa bei Familienfeiern, sozusagen
Das Seine zur Unterhaltung beizutragen.)

Dieser Soundso

– »Traf ich doch heute in der Stadt irgendwo
Diesen Dingsbums, na, diesen Sowieso,
Wie heißt er doch? Du weißt schon, wen,
Diesen Dingens, diesen … diesen … also den,
Er studiert seit wieviel Jahren irgendwas wie
Politologie, Soziologie oder Ökologie …«
– »Ach, dieser … diesen … ich weiß schon wer,
Oder ist es dieser … dieser … ach ja, der,
Der, dem ich neulich die Moneten lieh?«
– »Ja, der! Hierzu sagte er, du bekämest sie
Je nachdem, voraussichtlich ungefähr bis …
Jedenfalls bekämst du sie ganz gewiß!«

Angewandte Linguistik

Prof. O., mutterseelenallein im Café
An einem nicht näher bezeichneten See,
Schuf sich, durch Austausch von e und i,
Also durch Ablaut, aus dem See eine Sie,
Gesprächig obendrein, da ›i‹ ein Selbstlaut war,
Das ›s‹ ein Lippen-, nein, Zungenlaut sogar!
Doch Prof. O., hinsichtlich der Sinnenlust,
War sich gebotener Sprachgrenzen wohl bewußt,
Obwohl er (man sieht, daß es dies gibt)
Buchstäblich verliebt.

Am meisten aber erbrachte es ihm
Zusammen mit anderen, also im Team,
Vor allem, um den Ertrag zu steigern,
Mit beharrlichen oder beredten Schweigern,
Solchen, denen die Beredsamkeit angeboren,
Wortführer, Demagogen und Rhetoren,
Die aber, um es in Gold aufzuwiegen
Nun, streng an sich haltend, schwiegen.
Je größer dabei der Sprachüberfluß,
Desto größer der Überschuß.
(Bei einer nicht verlautbarten Proklamation
Schaffte man sogar Minusstärken an Phon.)

Zurückgezogen in Klausuren,
Sie systematisch so verfuhren,
Daß sie a) wegen des Golds im Munde,
Zusammentrafen in der Morgenstunde,
b) Doppelzüngig schwiegen und c) was wichtig,
Es lauthals taten und orthographisch richtig,
Vor allem, indem man mitteilsam
Vom Hundertsten ins Tausendste kam.
In zusammenhängenden Pausen hohen Niveaus
Unterdrückten sie Pointen und Bonmots,
Oder sie behielten Erklärungen feierlich
Für sich.
(Der Ertrag von Gold noch stieg,
Wenn man über peinliche Entdeckungen schwieg.)

Es ließen sich auch gewisse Erfolge schon
Durch Lautschwäche erzielen: durch Flüsterton,
Anspielungen und Beiseitereden,
Auch, angeführt von den Sprachasketen,
(Sowie schallgedämpft hinter Polstertüren)
Durch leises Sprachlautbuchstabieren;
Man verband die Lautlehre in diesem Fall,
Des Sprachwitzes wegen, mit der Lehre vom Schall
Und sprach paradoxerweise
Die Laute leise.

Die Unterschrift

Die in seiner Unterschrift fehlenden Bogen,
So erfuhr Pummerer durch einen Graphologen,
(Die sogenannte Unterlänge oder Unterschleife)
Seien ein Zeichen mangelnder sittlicher Reife,
Und er würde damit, was kaum zu vermeiden,
Mit Sicherheit im Leben Schiffbruch erleiden.
Seither übte Pummerer mit Tinte und Stift
Bogen und Schleifen in seiner Unterschrift,
Immer längere und größere, weit ausgeschweifte,
Wodurch er, wie er sagte, sittlich reifte.
Die Unterschleife wurde sogar zur Überschleife,
Die fehlende Reife, entsprechend, zur Überreife,
Und die Unterschrift, was sie an sich betrifft,
Wurde (siehe oben!) zur Überschrift.

Redensarten

Pummerer findet, daß wir zu wenig sparten
Mit geflügelten Worten und Redensarten.
So meinte er, bezüglich dessen Klarheit
Sei im Wein beileibe nicht immer Wahrheit,
Und nicht immer sei der gerade Weg der beste,
Wenn da Einbahnstraßen, Sümpfe oder Moräste;
Oder: Wo ein Wille sei auch ein Weg!, und da
Sei vielleicht eine Mauer, ein Graben etc.,
Jedenfalls kein Weg, es sei denn der
›Alles Fleisches‹ – doch erst hinterher;
Oder daß Dinge durch Liegen an Wert verlieren,
Und man wisse ja, was Prostituierte kassieren!
(Die Wahrheit – das sei hierbei das Vertrackte! –
Sei auch keine ungeschminkte, aber eine nackte).
Er selber sage zu Herrn S., einem Schneider,
Schlicht und einfach: ›Leute machen Kleider‹,
Das Kind Ute nenne er Ute und habe so eklatant
Das Kind stets beim richtigen Namen genannt.

Meine Damen und Herren!

Im Namen, willkommen heißen, Ausdruck verleihn,
Echtes Bedürfnis, bedanken und Meilenstein;
Prioritäten setzen, sich aufdrängende Fragen,
Denkanstöße, wesentlich dazu beigetragen;
Suche nach der Identität, ins Auge fassen,
Stellung beziehen und Pläne reifen lassen;
Optimale Lösung, Position und Transparenz,
Plattform, Entschiedenheit und Konsequenz,
Fragenkomplex, Problematik und Kriterium,
Zu erkennen geben, Anliegen und Wissen um;
Unverzichtbar, weitgehend und beispielhaft,
Wichtige Impulse, Initiative, Errungenschaft,
Spielraum, dringende Bitte, der Sache dienen,
Gegenwärtige Situation. Ich danke Ihnen.

WIDER DIE NATUR

Unter Brüdern des Erdgürtels

In der Frühe, angesichts der erwachenden Welt,
Pummerer sich ans geöffnete Fenster stellt
Und gedenkt der Menschen seines Breitengrades,
Selbst des entferntesten Landes und Staates,
In Prag und Charkow, am Don und Ural,
Auf Sachalin und Neufundland, am Ärmelkanal,
Verbunden mit ihnen wie durch ein Band,
Durch Klimazone, Wettergürtel, Wasser und Land.
Er grüßt sie, denselben Winden entsprossen,
Wie Brüder und Schwestern, wie Weggenossen
Und ruft, daß (infolge der Umdrehung der Erde)
Er in wenigen Stunden dort sein werde!

Im Naturkundemuseum

Pummerer wünscht sich (wegen der Namen schon!),
Er hätte im Tertiär gelebt, Silur oder Karbon.
Er hätte Saurier gezüchtet, Ur und Echse,
Schachtelhalm, Farn und Bärlappgewächse,
Hätte Mammutzähne gesammelt und Elefantenzehen
Für die paläontologischen Institute und Museen;
Es hätte noch, weil ohne menschliches Leben,
Weithin unbesiedeltes Land gegeben,
Und den Baugrund, etwa nahe des Berliner Zoos,
Meinte er, erhielt man noch kostenlos;
Vor allem gab es, das war das Angenehme,
Ohne Menschen noch keine Menschheitsprobleme.

Das Dasein keiner Menschenseele

Pummerer, für sich im Wald, also ganz allein
Mit Baum, Wind, Wasser, Schilf und Stein,
Klagend, daß, wo rings keine Menschenseele,
Ihm jemand zu seiner Gesellschaft fehle,
Verwandelte einfach, mit einem Zaubertrick,
All die Verwandelten in Menschen zurück;
Machte aus Schilf und Blume, Baum und See,
Wieder Syrinx, Hyazinth, Daphne und Lilofee
Oder die Nymphe Echo aus dem Widerhall
Und die schöne Philomele aus der Nachtigall.
(Und nunmehr pries, allein mit Philomele,
Pummerer das Dasein keiner Menschenseele,
Pries die Vorzüge des Junggesellentums
Und: seines Volkshochschulstudiums.)

Tätigkeit einer Buche

Ein Buchensamen von nur 0,02 Gramm Gewicht
Machte mittels Luft, Wasser und Sonnenlicht,
Also mittels Photosynthese und Assimilation,
Mengen von Zucker, Stärke und Ozon,
Vor allem – und dies quasi aus nichts! –
Ein Quantum Holz und 5000 Kilogramm Gewichts,
Das heißt, aus den ursprünglich 0,02 Gramm
Einen 12 Meter hohen und 2 Meter dicken Stamm,
Auch noch, als Zugabe: Farbe, Wärme und Duft,
Und das alles, wie gesagt, aus nichts als Luft!
(Ein, fern von allen Wirtschaftssystemen,
Von Anfang an aufstrebendes Unternehmen,
Und das Ganze ohne Klasse und Stand,
Ohne Gewerkschaft und Unternehmerverband!)

Komplettes Schneckenhaus

Einer Schnecke erschien eines Tages ihr Haus,
Angesichts dessen schlichten Baus,
Vor Augen nur Villen und Bungalows,
Als zu anspruchslos,
Und sie errichtete sich eine neue, komplette,
Wohnung mit Küche, Badezimmer und Toilette.
Doch da diese, im Gegensatz zu vorher,
Für die Schnecke jetzt zum Tragen zu schwer
Und sie entsprechende Eigenschaften nicht erworben,
Ist sie, nach Darwins Gesetzen, ausgestorben.

Ballade

Vor dem Züricher Hotel ›Bellevue‹
Entwichen einem Auto aus Berlin 1,5 Atü,
Und so vermischte sich, kaum verpufft,
Die Berliner mit der Schweizer Luft,
Wurde ein Stückchen Himmelblau,
In der Frühe eine Perle aus Morgentau,
Dann Luft, durch die man auf Berner Gebiet
Und auf die Rätischen Alpen sieht,
Geriet in den Blasebalg einer Orgel, bis
Sie wieder herauskam als zweigestrichenes cis,
Wurde eingeatmet von einer Katze,
Für Stunden gefüllt in eine Luftmatratze
Und gepumpt an einer Tankstelle bei Chur
In einen Reifen, der nach Berlin-Tegel fuhr.

Auslese

Um der drohenden Ausrottung zu entgehn,
Das heißt, den Kampf ums Dasein zu bestehn,
Erwarb Prof. M., Biologe, als Erdbewohner,
Sturzhelm, Leibgurt sowie Schamteilschoner
Und suchte eine, nach Art und Körperbau,
Widerstandsfähige Ehefrau
(Eine Dompteuse aus Graubünden),
Um ein zählebiges Geschlecht zu gründen;
Denn er glaubte an Erblichkeit und nicht
An Verkehrsunterricht.
Durch Zuchtwahl entstand so plangerecht
Ein verkehrsgeeignetes Geschlecht.
(In der 10. Generation hatten von sechsen
Schon zwei, statistisch, Merkmale von Echsen
Mit erworbenen, vorteilhaften,
Schildkrötenartigen Eigenschaften,
Um sich, so zeigten später Fossilien
Weiter zurückzubilden zu reinen Reptilien.)

Schmetterlinge

Zwei Schmetterlinge von zwei Sommerwiesen
Beschlossen, sich zusammenzuschließen,
Weil sie glaubten, zu zwein
Stärker zu sein.
Doch sie ergaben – so wie zwei Radler
Noch keinen Lastzug – keinen Adler,
Sondern eben nur, nach Adam Riese,
Zwei Schmetterlinge auf *einer* Wiese.

Wider die Natur

Ein Regenbogen setzte sein eines Ende
Auf kapitalistisches Privatgelände
Und das andre, verbotenerweise,
In eine volkseigene Fichtenschneise.
Dann flogen sogar – diese Anti-Spalter! –
Eine Wolke und ein Zitronenfalter
Trotz weithin sichtbarem Verbotsplakat
Über den Stacheldraht.
Jetzt will man künftig den Störenfrieden
Das Überfliegen des Drahtes verbieten
Und entwirft, wie man neulich erfuhr,
Ein Staatsgesetz wider die Natur.

Konsequenzen

Ich versuchte, mit den Armen zu fliegen
Oder flach auf der bewegten Luft zu liegen,
Aber trotz aller Mühe und Energie,
Es gelang mir nie.
Doch ich fühle, daß ich mich unterschätze
– Und ich verzichte gerne um diesen Preis –,
Denn ich weiß jetzt, daß die Naturgesetze
Sich meiner bedienen zu ihrem Beweis.

Geschlechter

Ich finde, Petersilie
Ist, bezogen aufs Ganze,
Etwa im Verhältnis zur Lilie,
Mehr Petersilie als Pflanze.
So bin wohl auch ich,
Zumindest dann und wann
Bezogen aufs Ganze,
– Gedankenstrich –
Mehr als Mensch nur Mann.

Heimat

Pummerer hat aus einem Buch erfahren,
Wie die Erde aussah vor Milliarden Jahren:
Jahrtausendelang bedeckt mit Ozeanen,
Die ganze Atmosphäre erfüllt von Orkanen,
Von schweren Gewittern und Wolkenbrüchen,
Auch giftigen Methan- und Schwefelgerüchen,
Und durch die schwarzgraue Wolkenschicht
Drang nicht das geringste Sonnenlicht.
Pummerer, wenn auch kein Materialist,
Zweifelt nicht, daß es so gewesen ist
– Die Orkane, das Gas, das fehlende Licht –,
Nur, so glaubt er, in Ulm, seiner Heimat, nicht.

Luthers verdienstvoller Apfelbaum

Pummerer sah nachts im Traum
Luthers berühmten Apfelbaum
Und pflanzte, ahnend den Zusammenhang
Mit dem drohenden Weltuntergang,
Akkurat ohne Zwischenraum,
Apfelbaum um Apfelbaum.
(Er meinte, er habe es tatsächlich kraft
Dieser Methode bis heute geschafft.)

DAS RISIKO DES WISSENS

Statistik

Pummerer hörte, es sei im allgemeinen
Jeder vierte befallen von Gallensteinen.
Seither setzt er sich im Wartezimmer,
Selbst in der Trambahn oder wo auch immer
Einfach so hin, voller Hinterlist,
Daß er der zweite oder dritte ist.

Das Risiko des Wissens

Ein Troglodyte, der bis zum 60. Lebensjahr
Nicht wußte, was ein Troglodyte war,
Der informierte sich neulich – man las davon –,
Von Wissensdurst getrieben, in einem Lexikon
Und erfuhr, er sei ein Höhlenbewohner und seit
8000 Jahren ausgestorben, seit der Altsteinzeit,
So daß er, ob nun überständig oder vergessen,
Überhaupt nicht mehr existiere infolgedessen.
(Jetzt lebt er, wenn auch als Außenseiter,
So hieß es, wider besseres Wissen weiter.)

Ausweglose Wegegabel

Professor B., lehrend als Determinist,
Daß der Wille des Menschen unfrei ist,
Weil von Motiven bestimmt, also kausal,
Und somit das Handeln ohne freie Wahl,
Der also gelangte bei einer Wanderung
(Im Harz) auf seinem Weg an eine Gabelung,
Und beide Wege führten ans Ziel, je nachdem,
A, ›kurz aber steil‹, B, ›lang aber bequem‹,
Eine für ihn höchst verhängnisvolle Lage,
Denn die Motive hielten sich ja die Waage.
Er stand auch regungslos (eine Bestätigung
Seiner Lehre) zwei Tage an jener Gabelung,
Und erst der Förster Feist hat ihn befreit
Aus seiner Unentschiedenheit.
(Dies zeigt uns, gesehen durch seine Brille,
Nur wo *ein* Weg, ist auch ein Wille.)

Schichtenspezifisch

Prof. P., Geologe, trennte in der schlichten
Rede zur Institutseröffnung folgende Schichten:
Magnifizenzen, Spektabilitäten und Dozenten,
Herren Räte, Herren Doktoren und Assistenten
(Kurzum, die, mit entsprechendem Gewicht,
Obere oder Führungs- und Bildungsschicht),
Dann die mittlere: Angestellte, Archivare,
Inspektoren, Pedelle und Bibliothekare
Sowie die untere oder breite: Laboranten,
Arbeiter, Raumpflegerinnen und Praktikanten,
Die neozoische und, noch tiefer und breiter,
Kreide, Jura, Trias, Perm und so weiter …

Konkret

Prof. Dr. Melanie B.
Aus Cottbus a. d. Spree,
Eine sog. Strukturalistin,
Philologin von hohem Rang,
Zusammen mit einer Alpinistin,
Untersuchend, ob ein Bergeshang
Eine Neigung sei oder eine Steigung,
Erkannte, stürzend bei der Besteigung,
Daß er höchst offensichtlich eine Neigung.
Doch jene ihr assistierende Alpinistin, weil
Steigend, bewies ihr andererseits das Gegenteil.

Jetzt versucht sie systematisch aufzuzeigen,
Daß Hänge sowohl sich neigen als auch steigen,
Daß ein Hang sowohl einen Hang hat zur Neigung
Als auch die Neigung eine Neigung zur Steigung.

Kongreß zur Erarbeitung des Unwissens

Auf dem 11. Geisteswissenschaftlichen Kongreß,
Unter dem Vorsitz des Akademieprofessors S.,
Referierten, so las man, viele achtenswerte,
Bekannte Forscher, Sachkenner und Fachgelehrte,
Über ›Die Beziehung der neuen Mengenlehre
Zur Sexualität‹, über ›Diesel und das Imaginäre‹
Und ›Gemeinsamkeiten bei Tirpitz und Heine‹,
Um bei alledem festzustellen: Es gibt keine.
Worauf, ohne Ergebnis, man weiterfragte, woran
Dies wohl liege, und falls nicht, seit wann.
Abschließend sagte Professor S.: ›Man sieht,
Daß vieles ohne unser Wissen geschieht.‹

Über die Willensfreiheit

Prof. P., im Selbstbedienungsladen,
Wählte, was immer es auch sei,
Südfrüchte, Wurst und Limonaden,
Und konstatierte: Der Wille ist frei
(Die Selbstbedienung und Kaufwillkür
Ist Beweis dafür),
Nicht spürend, daß er unbewußt
Motiviert war durch Appetit und Augenlust
Und daß er nicht wählte, was er wollte,
Sondern, was er sollte,
Mithin, dem freien Willen nicht entging:
Dem Marketing.
(Es war, als ob die Ur-Ursache
Von weither leise lache.)

Axiom

Prof. B., auf dem IX. Philosophenkongreß in Rom,
Verwies Kierkegaards antinomisches Axiom,
Es gebe Freiheit und Notwendigkeit zugleich,
In einen überholten irrationalen Bereich.
Es gebe in keinem Fall – wirklich in keinem! –,
So schloß er, Freiheit und Müssen in einem.

Dann setzte er sich, was er nicht wußte,
Auf einen Stuhl, der für ihn frei bleiben mußte.

Das Absurde

Prof. E. sprach während der ›Woche des Buches‹
Im Südfunk, Reihe ›Denken und Meinen‹,
Über das Absurde (den Satz des Widerspruches),
Das heißt, wenn ein Gegenstand oder Wort
In bezug auf zwei Sätze weder unter den einen
Noch unter den anderen falle, und so fort,
Auch daß aus aristotelischer Sicht
Im Sinne seiner syllogistischen Philosophie
Dasselbe demselben in derselben Beziehung nie
Zugleich zukomme und wiederum nicht.

Es blieb unklar. Befragt (auf der Toilette)
Von Prof. K., ebenfalls Experte für das Absurde,
Worüber er eigentlich gesprochen hätte,
Sagte er: »Über den Rundfunk.« Wodurch die Kette
Der logischen Schlüsse noch unklarer wurde.

Dialektik

Zwei Gelehrte lagen miteinander im Streit
Über Ja oder Nein der Unsterblichkeit.
Um sie dem anderen zu beweisen,
Ließ sich der eine mit achtzig vereisen
Und nach hundert Jahren mit genauen
Instruktionen wieder tauen.
Aber inzwischen lebte der,
Dem er's beweisen wollte, nicht mehr,
Und so blieb die Frage über diesen
Komplex weiterhin unbewiesen.
Dennoch nimmt tatsächlich, wenn auch knapp,
Die Sterblichkeit ständig weiter ab.

Germanistische Disziplin

Kraft seiner Professur,
Trennte von 9 bis 13 Uhr
Prof. v. Q.
Systematisch die Literatur
In E und U,
In ›ernste‹, die höhergestellt,
Und ›U‹, die bloß unterhält.
Abends, für sich, las er die ›Odyssee‹
Oder ›Anna Karenina‹, zwar beide E,
Aber er war dabei in sich gespalten:
Er hatte sich sehr gut unterhalten!

Tiefenpsychologie

Professor P., ein Psychotherapeut,
Behandelte (streng nach der Lehre von S. Freud)
Jahrelang systematisch einen Deut
Mittels Hypnose, Suggestion und Analyse,
Auch durch Stimulierung der Wachstumsdrüse,
Und schuf aus dem Deut (gemäß den Freudschen
Überwertigkeitskomplexen) einen Deutschen.

Jetzt sucht er, wie er das, was er angefacht,
Wieder rückgängig macht.

Selbstmord durch Denkmittel

Pummerer, als ihm neulich das Dasein zu hart,
Drehte jenen berühmten Satz von Descartes,
›Ich denke, also bin ich‹, ›cogito, ergo sum‹,
Einfach dialektisch um,
So daß er seinem Leben ein Ende machte,
Indem er *nicht* dachte.
Ein Beispiel demnach – noch keinem geriet es –
Eines philosophisch-logischen Suizides.
Aber da Pummerer ja nur erdacht,
Somit zeitlos und dieses erblich,
Blieb er, auch wenn er sich umgebracht,
Dennoch unsterblich.

Der dumme Mann baut vor
oder Nichtbenutzung der untergehenden Welt

Pummerer hörte – von Professoren – Berichte,
Wonach der Mensch sich selber vernichte,
Hörte, in klugen Vorträgen und Matineen,
Die ›Alte Welt‹ würde vermutlich untergehn,
Und beschloß, um solches nicht zu erleiden,
Den Umgang mit Gebildeten zu meiden,
Das heißt, sich tunlichst aus ihrer alten,
Untergehenden Welt herauszuhalten.
Nicht der kluge Mann baut hierbei vor,
Sondern, wie man sieht, der Tor.
(Er hat drum mit seinem unverbildet gesunden
Verstand auch das Pulver nicht erfunden!)

Vom Wert der Halbbildung

Pummerer trifft sich öfters mit Dilettanten,
Banausen, Laien, Anfängern und Ignoranten,
Wobei, in pseudo-wissenschaftlich intensiven
Gesprächen, sie ihre Halbbildung vertiefen,
Über die ›Potemkin'schen Sümpfe‹ oder etwa
Über jenen Satz ›Falstaff, werde hart!‹ etc.,
Treiben Algebra: ›12 mal 12 ist 130 ungefähr‹
Und korrigieren sich: es sei ein wenig mehr,
Üben sich in Gemeinplätzen und Klischees,
Etwa solchen wie des ›verbrannten Schnees‹
Oder, daß doppelt genäht besser hält,
Und, es sei nichts vollkommen auf der Welt –
Was alles, da gemeinverständlich, sie verbindet
Sowie die Klassenunterschiede überwindet …
Ja, Halbbildung, berichtete einer von ihnen,
Könne einem im Notfall zum Vorteil dienen:
Er habe, als er mit einem Schiff in Seenot war,
Die Durchsage, es bestünde Lebensgefahr,
Da auf Englisch, nicht verstanden und sei daher,
Als einziger nicht gefährdet gewesen, erzählte er.

STREBE ZUM HALBEN!

Strebe zum Halben!

Pummerer schrieb seinen Nichten in ihre Alben
Abweichend von Schiller: »Strebe zum Halben!«
Er selber habe, ohne Drang nach Sporen,
Das Halbe nie aus den Augen verloren,
Was ihn, den Blick aufs Halbe gerichtet,
Im Leben nie zu Ganzem verpflichtet.
Auch habe er auf diese Weise, bedacht,
Wenn, dann nur halbe Fehler gemacht.
(Die Nichten, seinerzeit noch Konfirmanden,
Das alles, entsprechend, nur halb verstanden,
Und wurden, halb aus Phlegma, halb aus Pflicht,
Halbseiden und halb nicht.)

Namhafte Beleuchter

Pummerer achtet bei Filmen mehr auf die Namen,
Die, im Nachspann, als letzte kamen,
Nicht der Schauspieler – die kannte man ohnehin –
Sondern des Kameramanns oder der Cutterin,
Und, um dem Nachspann seinen Sinn zu verleihn,
Prägt sich deren Namen sorgsam ein:
Die Leute, zuständig für Ton und Schnitt,
Lutz Lehmann, Gabi Meyer oder Rüdiger Schmidt …
Wozu, so fragt er, würden, mit Sinn und Verstand,
Deren Namen sonst genannt?
(Ja, bisweilen erkundigt er sich bei den Sendern
Nach deren Kindern, Geburtsorten und -ländern.)

Das imaginative Museum

Ich kenne eine Gemäldegalerie,
Eine imposantere sah ich noch nie,
Eine Galerie nur mit leeren Rahmen,
Das heißt, ohne Bilder und ohne Namen.
Es gibt nur eine Beschreibung der Bilder,
Beziehungsweise ein junger bebrillter
Student erklärt sie beflissen
Denjenigen, die die Bilder vermissen.

Da wird etwa ein Bild beschrieben
– Ich bin lange davor stehn geblieben –:
»Im Vordergrund eine Ziegelmauer,
Dahinter ein gelbes, zweistöckiges Haus,
Im offenen Fenster ein Vogelbauer
Und eine Vase mit Blumenstrauß.«
Ein anderes Bild wird so erklärt:
»Ein Junge, der auf einem Fahrrad fährt
Über einen Platz beim Dämmerschein;
Das Rad hat die Farbe von Elfenbein.«
Dann ein Bild: »Heftiger Orkan
Nachts auf dem Stillen Ozean.«
(Die schwarzen Wolken und hohen Wellen
Braucht man sich lediglich vorzustellen.)
Und ein Bild, das mir besonders gefiel:
»Blonde Dame im Boudoir mit Sexappeal.«

Doch ich fand, daß es am spannendsten sei
In der Abteilung ›Absurde Malerei‹.
Da ist zum Beispiel ein »Mädchenknie
Mit totem Huhn in der Prärie;
Das Knie ist gelb, die Prärie grau,
Das Huhn mit einem Stich ins Blau«.
Oder: »Ein bizarrer Riß
Geht durch die Sonnenfinsternis;
Der Himmel versinkt in grünem Gewässer
Und darauf schwimmt ein Taschenmesser.«

So könnte ich noch von vielen Bildern
Die betreffenden Beschreibungen schildern,
Doch Beschreibungen zu beschreiben,
Müsste natürlich nur Stückwerk bleiben.
Am besten ist es, selbst hinzugehn
Und sich das Museum zu besehn.
Es liegt an einem leeren Platz,
Ein kleines Schild nur als Ersatz
Mit dem Hinweis (falls es nicht weggeweht),
Daß hier imaginär ein Museum steht.

Mit Hilfe eines Kniffs,
Nämlich des ›erweiterten Kunstbegriffs‹,
Wonach Kunst, so der Interpret,
Nicht ist, sondern erst entsteht
(Die Beuys'sche ›unsichtbare Skulptur‹),
Somit eine imaginäre nur,
Mit Hilfe also dieses Kniffs
Des ›erweiterten Kunstbegriffs‹
Ersparte man sich, eines der alten,
Kostspieligen Museen zu unterhalten:
Das betreffende Museum ist nicht nur leer,
Es ist selber völlig imaginär;
An der Stelle liegt eine Kreditanstalt,
Vielleicht auch ein Parkhaus oder nur Asphalt.

Die Wirkung einer zu Boden fallenden Stecknadel

Als J.M., der junge Lyriker, las, ein Debütant,
Und im Saal gereizte Unruhe entstand,
Ließ Pummerer, ungesehen von allen,
Leise eine Stecknadel zu Boden fallen,
Woraufhin, gespannt,
Eine atemlose Stille entstand,
Die das Selbstvertrauen des Dichters stärkte
Und die man auch in der Presse vermerkte.
Er gebrauche oft mit Bedacht und Geschick,
Sagte Pummerer, diesen alten Trick;
Ja, so habe er in Anfängern, behutsam und sacht,
Schon künftige Talente zum Schlummern gebracht.

U.A.w.g.

Auf die Frage, gestellt, damit die Plätze reichen,
Ob ja oder nein (›Entsprechendes zu streichen‹)
Und, falls ja, mit wieviel Personen
Es ihm möglich sei, der Dichterlesung beizuwohnen,
Antwortete Pummerer, er nehme, weil
Leider verhindert, mit 2 Personen nicht teil,
Hinzufügend, es könnten auch 3 oder 4 Personen sein,
Nette und literarisch Beflissene obendrein.

Sonett gegen Sonette

Wir brauchen keine mehr, die Verse machen
Und ihre Ungeduld in Reime bringen,
Jetzt heißt es reden, statt zu singen,
Nicht mit Gedichten und mit Almanachen,

Auch nicht von schönen Nebensachen,
Von Seidelbast, Seerosen und Syringen,
Jetzt heißt's mit Schreien durchzudringen
Und Trotz, Tumult und Taten anzufachen!

Nicht Enthusiasmus und Empörung zwängen
In Reim und Verse wie in ein Korsett,
Stilistisch ausgefeilt bis zum Tezett,

Nein, Manifeste, Barrikaden, Bajonett!
Die Welt läßt sich nicht ändern mit Gesängen,
Nicht mit Gedicht, mit Strophe und Sonett.

Alles Theater

Pummerer, in dem Drama ›Titus Andronicus‹,
Hatte 14 Tote errechnet bis zum Schluß,
Und diese (sechs in einem einzigen Akt!)
Erdrosselt, durchbohrt, geköpft, zerhackt,
Erdolcht, geschlachtet (gekocht hinterher!)
Und noch anderes derart Grausiges mehr,
Daß er laut hätte lachen müssen, erzählte er.
Es könne aus Spiel zwar Ernst, im umgekehrten
Sinn aber auch Ernst zum Trauerspiel werden.
Er sagte, daß es sogar, trotz dieser Metzelei,
Eine ›Wohltätigkeitsaufführung‹ gewesen sei.

Lolita

Als Herr von Ribbeck aus Ribbeck im Havelland,
Wie einst sein Urgroßvater, im Garten stand
Und arglos einem Mädchen zurief: »Lütt Dirn,
Kumm doch man röwer, wist 'ne Birn?«,
Da sagte die Kleine schnippisch und scharf,
Daß sie von fremden Männern nichts nehmen darf,
Und zwar von allen nicht, egal von wem,
Sie sei auch noch minderjährig außerdem.
So wird selbst der Bravste, scheinbar verkappt,
Heutzutage immer auf frischer Tat ertappt.

Traumstadt

Pummerer verreiste vor einigen Tagen nicht
Und schrieb darüber einen Reisebericht,
Von einer Stadt, einer recht wunderlichen,
Entworfen, schrieb er, mit Himmelsstrichen,
Erbaut aus Luftschlössern, goldenen Brücken
Und Elfenbeintürmen (wahren Meisterstücken!),
Wolkenkuckucksheimen, Bassins voll eitel Wonne,
Schallmauern und den zwölf Häusern der Sonne.
Ganz in der Nähe des betreffenden Ortes
Wohne, schrieb er, zufolge eines bloßen Wortes,
Im Zollhaus an der Baumgrenze, in angestammter
Stellung, ein Vetter von ihm als Zollbeamter.
Er habe übrigens (wo genau, blieb offen)
In jener Stadt Peter Paul Althaus getroffen.

Straßennamen

Pummerer sammelt in seiner aufmerksamen,
Hilfreichen Art schöne Worte für Straßennamen
Wie Lilie, Ariel, Lilofee oder Stalagmit,
Aber auch Schulze, Meier, Müller oder Schmidt,
Und reicht sie schriftlich ein beim Magistrat,
Bei dem für Straßennamen zuständigen Dezernat,
Bittet auch, daß man sich mit der Frage befasse:
Der Freiheit eine Allee, nicht eine Gasse!,
Andererseits Ringelnatz' Wunsch erfüllen
Und in der Stadt irgendeines der stillen
Hurengässchen nach ihm benennen sollte.
(Was Pummerer hier öffentlich kundtun wollte.)

Existenzzweifel

Neulich trafen sich in Marburg a. d. Lahn
Palmström, Kuddeldaddeldu und Dr. Enzian,
Gugummer, Anna Blume und wer es sonst noch ist,
Auch Pummerer als Aspirant mit Bewährungsfrist.
(Als letzter kam übrigens aus jenem Dorf,
Das ihn der Reime wegen zeugte, Herr v. Korf.)
Es ging um Eingaben bei den Parlamenten,
Betreffend Invalidität – und Altersrenten.
Jedoch, sagte Pummerer, das Verwaltungsgericht
Habe entschieden, sie existierten nicht,
Und selbst noch bei vorgelegtem Meldeschein
Wies man auf den Unterschied von Schein und Sein.
Jetzt hätten sie, sagte er, als Interpreten,
Prof. Bloch um eine Begutachtung gebeten.

Musik

Pummerer las, man hätte, um ihn zu preisen,
Von Bach gesagt, ›Meer‹ sollte er heißen.
Er findet nun, hieße Bach wirklich Meer,
Dann wäre er weiß der Himmel wer,
Ein Mann der Wirtschaft oder Politik,
Und man hätte nicht die Bachmusik.
Kurz, er findet aus Gründen mannigfach,
Nicht Meer sollte er heißen, sondern Bach.

Weihenacht

300 vereinigte Männerchöre,
12000 Bässe, Baritone und Tenöre,
Sangen, begleitet von 770 Klavieren,
In der Ebene zwischen Aachen und Düren,
Dirigiert von einer Anhöhe des Hohen Venn
(Das Ganze finanziert von ›Pan-American‹),
12000 Männerstimmen also erklangen
In lautloser Nacht und sangen
– Der Klang vertausendfacht –
»Stille Nacht«.

WER ZULETZT LACHT

Siegmund Freud und Leid

Ich war, wegen anhaltender Melancholien,
Bei Professor M., einem Freudianer aus Wien.
»Lesen sie doch«, sagte der Mediziner,
»Zur Erheiterung diese Gedichte von Kühner!«
Er erhob sich ohne ein weiteres Wort
Und holte das Buch vom Bücherbord.
(Da sagte ich ihm mit melancholischem Sinn
Wer ich bin.)

Lebenslauf

Als Boxer zu alt,
Zu jung für ein höh'res Gehalt,
Zu alt als Assistent,
Zu jung als Präsident,
Für Elevinnen ein älterer Herr,
Zu jung für die Wohnung im Parterre –
Sage mir einer bei diesem Sachverhalt,
Ob ich nun jung bin oder alt.

Das Abenteuer

Gestern beschloß ich ganz spontan
– Ich hatte es ab und zu schon getan –,
Zum letzten Mal mir ein Herz zu fassen,
Heimlich Familie und Amt zu verlassen
Und, wenn auch ein Mann von 40 Jahren,
Als Abenteurer in ferne Länder zu fahren,
Zum Beispiel nach Beludschistan.

Ich nahm den Rucksack aus der Truhe,
Landkarte und Wanderschuhe,
Doch da hörte ich, ein wenig beklommen,
Von nebenan, ich solle zum Frühstück kommen.
Ich legte leise die Wanderschuhe,
Rucksack und Karte zurück in die Truhe,
Zog Hemd und Krawatte an
Und ging, wie ich's jeden Tag getan
Nicht nach Beludschistan,
Sondern zum Frühstück nach nebenan.

Verbleib des Schmerzes

Wohin geht der Schmerz,
Wenn man ihn,
Mittels Novocain,
Sagen wir,
Sechzehn Uhr vier,
Vertreibt von dem betroffenen Organ,
Oder wenn er einen Zahn
Nicht wiederfindet nach dem Ziehn?
Geht er anderwärts?
Aber wohin?
Zu Frau Hagedorn, der Wöchnerin?
Oder vergällt
Er Herrn Dr. Gerlach die Welt,
Damit ihm der Abschied von ihr,
Von Frühling und Verdis Terz,
Leichter fällt?

Geringfügige Orgien

Ah, denkt Pummerer, welches Entzücken,
Juckt es, sich am Bein zu kratzen oder Rücken
Und, einzig des Genusses willen,
Hemmungslos den Juckreiz zu stillen,
Wobei das Kratzen seinerseits
Das Jucken noch erhöhte und somit den Reiz!
Ah, genießend sich dem hinzugeben,
Welche Lust zu leben!
Und war nichts weiter erforderlich
Als Wolle oder ein Mückenstich;
Selbst Hinz und Kunz, jeder darf und kann es –
Die Orgie des kleinen Mannes!

Vom Nutzen der Haaresbreiten

Pummerer hat einmal genau addiert
Die Dinge, die ihm nur beinahe passiert,
Wo er, bei der Geburt angefangen,
Dem Schicksal um Haaresbreite entgangen,
Und kam an solchen Begebenheiten
Auf ungefähr 80 Haaresbreiten
Oder, gerechnet pro Haar 0,11 Millimeter,
Auf insgesamt fast einen Zentimeter.
Man könne an dieser Spanne sehn,
Meinte er, in welchem Maße wir überstehn,
Das heißt, wie man dem Schicksal entrinnt
Und – wozu Haare nützlich sind.
(Um das Doppelte an Haaren zu erhalten,
Begann er später, sie zu spalten.)

Rastloser Müßiggang

Dem Unausweichlichen ergeben
Wollte Pummerer sich aus dem Bett erheben,
Aber nur eines der Beine wollte, aus Pflicht,
Das andere hinwiederum wollte nicht.
Pummerer, da bisher alles mit ihm nur geschehn
(›Geboren‹, ›eingestuft‹ oder ›ausersehn‹),
Blieb also liegen und tat, als ob er schliefe,
Für den Fall, daß die Pflicht ihn riefe,
Und sagte, als man ihn weckte durch Schütteln,
Man solle nicht am Alten rütteln!

Kleine Verzweiflung

Pummerer, von einer, allerdings nur kleinen,
Verzweiflung gepackt, besorgte sich feinen,
Veilchenfarbenen Faden aus Seide,
Knüpfte ihn sorgsam an den Ast einer Weide
Und legte, wobei er aber ganz guter Dinge,
Seinen Kopf in die Schlinge,
Das heißt, er war sich dessen völlig gewiß,
Daß der Faden, was auch erfolgte, riß,
Und spazierte – es war, als ob er dabei singe –
Wieder nach Hause verrichteterdinge.

Verdrehte Tatsachen

Pummerer, sich auflehnend gegen die nackten,
Unleugbaren Tatsachen, die ›Diktatur der Fakten‹,
Verdreht oder verstellt sie einfach und erklärt,
Dies sei so und so gewesen (oder umgekehrt),
Ja, jenes sei überhaupt nicht geschehn,
Wenn schon, dann nicht 1920, sondern 1910,
Wobei er – vor allem, sagt er's coram publico –,
Lächelnd und auch ein bißchen schadenfroh,
Der Tatsache ins Gesicht zu schauen pflegt,
In das eine solche Behauptung schlägt.
Kurz, er ist nicht, mit Gleichgesinnten,
Bereit, sich einfach mit Tatsachen abzufinden;
Ja, als er neulich mit Herrn Koch spricht,
Sagt er: »Und sie bewegt sich doch nicht!«
Man sieht, daß nicht – was Pummerer beweist –
Tatsachen stärker sind als Worte, wie es heißt.

Das Entweder-Oder

Pummerer, von Herrn Mommer befragt um seine
Meinung: Gibt es Unsterblichkeit oder keine,
Handelt man aus Neigung oder Pflicht,
Das heißt, aus freiem Willen oder nicht?,
So also befragt – wie schon hie und da –,
Überlegte Pummerer kurz und erwiderte: »Ja«,
Entschied sich also, wie fast in jeder,
Auch in dieser Problematik für das Entweder.

Es läutet bei Pummerer morgens um vier,
Sein Nachbar Mommer steht vor der Tür,
Offenbar – das stammelt er auch verwirrt –
Hat er sich in der Tür geirrt.
Doch Pummerer sagt nur als Mann von Welt:
»Macht nichts, es hat sowieso geschellt.«

Das evangelische Pfarrhaus

Wenn man, meinte Professor B., bedenkt,
Was das evangelische Pfarrhaus dem Volk geschenkt
An Elite, Künstlertum und Intelligenz:
Lessing, Jean Paul, Herder, Gottsched und Lenz,
Nietzsche, Wieland, Schlegel, Gottfried Benn
Und viele andere große Geister, und wenn
Man weiter bedenkt: wie viele, weil ungeboren,
Gingen dem Lande Bayern verloren,
Dichter, Erfinder und dergleichen Genies!
Und so sei vielleicht, etwa in Lenggries,
Die Erfindung des Hillerschen schwungfreien Rads
Nie gemacht worden als Folge des Zölibats.

Lebenslage

Pummerer, der müßig auf dem Sofa ruht,
Sagt auf den Vorwurf, weshalb er nichts tut,
Daß er vor der Geburt, beim Wettlauf zum Ei,
Erwiesenermaßen schnellster gewesen sei,
Im Rennen gegen Millionen von Konkurrenten,
Etwa künftigen Läufern oder Sportstudenten.
Jetzt ruhe er sich, verspätet, (im Schweiße
Der anderen) davon aus, verdienterweise,
Das heißt, er lasse jetzt, beim Verschnaufen
Die andern laufen.
Überhaupt sei, was das Wort deutlich besage,
Liegen die wahre Lebenslage.

Wer zuletzt lacht

Pummerer, befragt, wenn es so weit sein sollte,
Woran er dann wohl am liebsten sterben wollte,
An Schwäche, einer Krankheit oder woran?,
So also befragt, sagte er: Wenn schon, dann
(Tot-Lächeln stehe leider nicht zu Gebot),
Dann lachte er sich wohl am liebsten tot,
Und den anderen – was sollten sie auch machen! –
Müssten die Tränen kommen vor Lachen.

Beruhigt

Pummerer schreckte auf in der Frühe um vier
Durch ein Geräusch draußen am Spalier,
So als ob etwas flatternd vom Himmel falle
Und kurz darauf leis auf den Boden pralle.
Ein Raubvogel dachte er oder sonst ein Tier?
Ein Fallschirmspringer? Aber früh um vier?
Dann sah er, erschreckt, durch den Vorhangspalt
Draußen im Garten eine dunkle Gestalt,
Aber auch, daß die Person, die da stand,
– Deutlich! – Flügel trug und ein weißes Gewand.
Ein Engel also, sogar einer von den regulären!
Wie einfach, dachte er, sich die Dinge klären.
Worauf er, wenn auch noch ein wenig erregt,
Sich beruhigt wieder schlafen gelegt.

November

Um nicht länger an der Welt zu leiden,
Beschloß Pummerer, aus ihr zu scheiden.
Er holte Messer und Rattengift
Und schrieb einen Brief in Sütterlinschrift.
Doch dann dachte er an den Skandal,
An die schöne Welt und die Moral,
Auch schien ihm das Messer zu gefährlich,
Das Gift als Rattenschutz unentbehrlich.
So gab er im weiteren Verlauf,
Da das Unglück so unzulänglich,
Den Gedanken an Selbstmord wieder auf,
Er kam sogar mit sich überein,
Da es offenbar unumgänglich,
Wieder glücklich zu sein.

Meine Biographie

Geboren am 10. März 1603
Aus einem zerbrochenen Kranichei,
Entdeckte als erster Amerika,
Lebte auf Delos mit Nausikaa,
War Musikant, Clochard und dann
Goldgräber, Mönch und Fahrensmann,
War Handwerksbursche und Kneipenwirt,
Harlekin und kretischer Ziegenhirt,
War Erbprinz, Mogul und Großwesir,
Und in Bosnien k. u. k. Offizier,
Schließlich Poet bedeckt mit Ruhm,
Und Apoll im delphischen Heiligtum.

Ich habe meine Jahre gut verwendet
Und die Zeit maßlos verschwendet.

Wiedergeburt

Mein Fleisch, so las ich, wandelt sich um
In Phosphor, Salz und Magnesium.
Nun frage ich mich, was wird
– Falls er nicht irrt –
Aus meinem Geist?
Eine Rhapsodie?
Eine Theorie?
Ein Drama von Kleist?
Oder gar, bei seiner Belesenheit,
Der Geist der Goethezeit?
Vielleicht auch, wie es heißt,
Der gute Geist des Turnvereins?
Der Geist des Kaiserstühler Weins?
Oder, wenn man den Alten vertraut,
Der Geist, der sich den Körper baut?
(Da capo)

Große Ereignisse

Pummerer befragt, ob es sich so ohne
Jegliche Größe überhaupt zu leben lohne:
Gesehen zu haben, wie Lerchen sich erheben,
Hätte sich, sagt er, schon gelohnt zu leben;
An Sommertagen wandernd, die heiße Hand
In den Brunnentrog zu tauchen am Straßenrand,
Oder an einem Wintertag in den kalten
Kinderhänden heiße Maronen zu halten …
Wie groß sei ein Leben, auch wenn es klein,
Gemessen am Noch nicht – oder Nicht mehr Sein!
Überhaupt sei hier, meinte er, bei Lage
Der Dinge, Sein oder Nichtsein nicht die Frage.

Ein Lächeln zum Weiterreichen

Pummerer, in morgendlich heiterer Ruh,
Lächelte seinem Nachbarn Mommer zu.
Dieser, durch das Lächeln ebenfalls heiter,
Gab es an den Straßenbahnschaffner weiter,
Der an die kleine Verkäuferin und die
An Dr. Müller-Zinn, Facharzt für Psychiatrie,
Dieser an Schwester Elke vom Kinderhort,
Diese an die Toilettenfrau – und so fort.
So kam es schließlich irgendwann
Abends gegen 6 Uhr am Schillerplatz an
Bei einem im Augenblick traurig-tristen,
Durch das Lächeln doch erheiterten Polizisten,
So daß er, als Pummerer den Verkehr blockierte,
Den Verstoß nur mit einem Lächeln quittierte.

Das umgekehrt Erhabene
Otto Heinrich Kühners komische Gedichte

»Es war 1965 in Stuttgart, da fuhr ich mit der Straßenbahn ins Funkhaus und las dabei die Tageszeitung. Und da stand in einer Notiz, daß jeder vierte Deutsche an Gallensteinen leidet. Ich zählte die Fahrgäste ab, links von mir beginnend, und siehe da: Ich war der dritte!« – Mit diesen Worten schildert Otto Heinrich Kühner in einem Interview das Ereignis, nach dem sein erstes komisches Gedicht entstand; es trägt den Titel »Statistik« (vgl. S. 62). Kühner, damals neben seiner Arbeit als freier Schriftsteller beim Süddeutschen Rundfunk tätig, schickte das Gedicht mit einigen weiteren von ihm so genannten ›Pummerer-Versen‹ an die Süddeutsche Zeitung. Bald standen seine Gedichte regelmäßig nicht nur in der SZ, sondern auch in der ZEIT, der Frankfurter Rundschau oder der Hessischen Allgemeinen. Damit erreichte Kühner, wie zuvor besonders mit seinen Hörspielen, ein großes Publikum. Es erschienen insgesamt neun Bände mit seiner komischen Lyrik, sechs davon im Berliner Henssel-Verlag, der auch das Gesamtwerk von Joachim Ringelnatz verlegt hat. Kühner verfasste, wie der Linguist und Morgenstern-Forscher Ernst Kretschmer nachgezählt hat, etwa 660 komische Gedichte, von denen hier 100 aus Anlass seines 100. Geburtstages versammelt sind.

Kühners komische Lyrik, von ihm zunächst nur als Nebenader verstanden, ist eine Facette seines vielseitigen literarischen Œuvres, zu dem Romane, Erzählungen, Hörspiele, Features, Dramen und auch ernste Verse gehören. Seit den späten 1950er-Jahren ist dieses Werk, beginnend mit dem Roman »Das Loch in der Jacke des Grafen Bock von Bockenburg« (1959), einer Persiflage des Nouveau Roman, humoristisch geprägt.

Die lyrische Kunstfigur ›Pummerer‹ ist ein Verwandter von Palmström, Korf, Kuttel Daddeldu, Dr. Enzian, Gugummer. Sie steht damit in einer deutschsprachigen Tradition des modernen komischen Gedichts, die mit der Lyrik Heinrich Heines einen starken Ausgang nahm und, wie Robert Gernhardt immer wieder betont hat, international einzigartig ist.

Pummerers Name ist zuerst dem Klanglichen geschuldet; ob Kühner bei dieser Erfindung auch die ›Pummerin‹ im Sinn hatte, wie die Wiener die Glocke des Stephansdoms wegen ihres tiefen Klangs nennen, ist nicht bekannt. Klang und eigenwillige Rhythmik der von Kühner häufig und recht frei verwendeten, schmucklosen Knittelverse entsprechen auch dem Wesen dieser Kunstfigur: Sie ist ein scheinbar schlichter Tor, ein weiser Narr, der allem, das sich großartig wähnt, das ›umgekehrt Erhabene‹ entgegensetzt, wie Jean Paul den Humor treffend nannte. Die Gedichte stellen sich, so Kühner in einer kleinen Poetik des Komischen, gegen eine übermächtige »Diktatur der Fakten«. Damit ist nicht gemeint, was derzeit als ›postfaktisch‹ bezeichnet wird. Dem Autor des Jahrgangs 1921, der die katastrophale Rationalität von Krieg, Nationalismus, Größenwahn, Menschenverachtung hautnah erlebt hat, geht es vielmehr um Gegenkräfte wie das Schöpferische und Phantasie, Utopie, Paradox, um Kräfte also, die sich im Humor frei entfalten. Dass dieser Humor in der Prägung durch Otto Heinrich Kühners Lyrik mit ihren Themen, Ideen, Anliegen und Formen einen eigenen ästhetischen Reiz hat und gerade auch heute gelesen und gehört werden sollte, dafür möchte diese Auswahl werben.

Otto Heinrich Kühner wurde am 10. März 1921 in Nimburg/Baden in eine Pfarrfamilie geboren; er starb am 18. Oktober 1996 in Kassel. Vielseitig begabt, auch als Maler und Musiker, studierte er nach der Rückkehr aus russischer Kriegsgefangenschaft Philosophie, Literatur- und Musikwissenschaft. Von 1950 bis 1965 arbeitete er beim Süddeutschen Rundfunk in Stuttgart als Hörspiellektor und -dramaturg. Erste Erzählungen erschienen in der Zeitschrift »Der Ruf«. »Die Übungspatrone« (1950) wurde zum meist gesendeten Hörspiel der Nachkriegszeit. Sein letzter Roman »Mein Eulenspiegel« kam 1991 heraus. Seit 1967 lebte Kühner mit seiner zweiten Frau, der Schriftstellerin Christine Brückner (ebenfalls 1921–1996) in Kassel. Mit ihr stiftete er den »Kasseler Literaturpreis für grotesken Humor« und die Stiftung Brückner-Kühner.

Herzlicher Dank gebührt Gerhard Glück für die Erlaubnis, seine herrlichen, dem Pummerer gewidmeten Zeichnungen in diesen Band aufzunehmen – sie gliedern die Gedichte ganz hervorragend. Gedankt sei auch Christian Maintz, dem Kenner und Könner des komischen Gedichts, für seine so wertvolle Beratung sowie allen Förderern, die den Druck ermöglicht haben.

Kassel, im März 2021, Friedrich W. Block

Inhalt

ORTSVERÄNDERUNG

Entdeckung Europas durch einen Indianer 1493 6
Nachdem es durch Mozart und Verdi bisher 7
Reporter 8
Freier Wille 9
Freiberuflich 10
Elektronische Auszahlung von Arbeitslosengeldern 11
Vervollkommnung 12
»Ach, sich wieder einmal satt essen können!« 13
Weihnachten 14
3 Celsius im Nerz der Frau Seifert 15
In Bayern und anderswo 16
Ortsveränderung 17
Nachgiebigkeit gegenüber der Parknot 18
Volkserhebung 19
Denkmal für eine Diakonissenschwester 20

SCHLACHTBESCHREIBUNG

Neue deutsche Nationalhymne 22
Denkmalinschrift 23
Lebensgefährliche Kriege 24
Diskussion mit einem Panzer 25
Herstellung von Ruinen 26
Der Preisträger 27
Ein Reim auf Mensch 28
Schlachtbeschreibung 29
Vertagung der Revolution 30
Verschwiegener Nordwandbesteiger 31
Mangel an Vorkommnissen 32
›Er nimmt es von den Lebenden‹ 33
Herzübertragung 34

VON A BIS Z

Von A bis Z 36
Sprachtechnik 37
Abspeisung mit Wörtern 38
Würdigung der Unkräuter 39
Die Nutzung von Fremdwörtern 40
Dieser Soundso 41
Angewandte Linguistik 42
Die Unterschrift 44
Redensarten 45
Meine Damen und Herren! 46

WIDER DIE NATUR

Unter Brüdern des Erdgürtels 48
Im Naturkundemuseum 49
Das Dasein keiner Menschenseele 50
Tätigkeit einer Buche 51
Komplettes Schneckenhaus 52
Ballade 53
Auslese 54
Schmetterlinge 55
Wider die Natur 56
Konsequenzen 57
Geschlechter 58
Heimat 59
Luthers verdienstvoller Apfelbaum 60

DAS RISIKO DES WISSENS

Statistik 62
Das Risiko des Wissens 63
Ausweglose Wegegabel 64
Schichtenspezifisch 65
Konkret 66
Kongreß zur Erarbeitung des Unwissens 67
Über die Willensfreiheit 68
Axiom 69
Das Absurde 70
Dialektik 71
Germanistische Disziplin 72
Tiefenpsychologie 73
Selbstmord durch Denkmittel 74
Der dumme Mann baut vor 75
Vom Wert der Halbbildung 76

STREBE ZUM HALBEN!

Strebe zum Halben! 78
Namhafte Beleuchter 79
Das imaginative Museum 80
Mit Hilfe eines Kniffs 82
Die Wirkung einer zu Boden fallenden Stecknadel 83
U.A.w.g. 84
Sonett gegen Sonette 85
Alles Theater 86
Lolita 87
Traumstadt 88
Straßennamen 89
Existenzzweifel 90
Musik 91
Weihenacht 92

WER ZULETZT LACHT

Siegmund Freud und Leid 94
Lebenslauf 95
Das Abenteuer 96
Verbleib des Schmerzes 97
Geringfügige Orgien 98
Vom Nutzen der Haaresbreiten 99
Rastloser Müßiggang 100
Kleine Verzweiflung 101
Verdrehte Tatsachen 102
Das Entweder-Oder 103
Es läutet bei Pummerer morgens um vier 104
Das evangelische Pfarrhaus 105
Lebenslage 106
Wer zuletzt lacht 107
Beruhigt 108
November 109
Meine Biographie 110
Wiedergeburt 111
Große Ereignisse 112
Ein Lächeln zum Weiterreichen 113
Friedrich W. Block: Das umgekehrt Erhabene 114
Quellen 118

Quellen

Die Gedichte wurden folgenden Büchern von Otto Heinrich Kühner entnommen:

Pummerer und andere skurrile Verse. München: Piper 1968.

Narrensicher. Neue Verse über Pummerer. Berlin: Henssel 1972.

Der Freiheit eine Allee. Neue Pummerer-Verse. Berlin: Henssel 1974.

Die Lust sich am Bein zu kratzen oder Die Orgie des kleinen Mannes. Berlin: Henssel 1976.

Blühender Unsinn. Neues Pflanzenbüchlein in Versen oder Nachtrag zur Allgemeinen Botanik. Berlin: Henssel 1978.

Pummerers verblümte Halbwahrheiten. München: Hanser 1979.

Pummererverse oder Vom Nutzen der Haaresbreiten. Frankfurt a.M., Berlin: Ullstein 1981.

Der Traum von einem schöneren Land. Verse vom ernsten Pummerer. Berlin: Henssel 1985.

Pummerers rastloser Müßiggang. Berlin: Henssel 1988.

»Er reimt Dinge, die sich im Leben nicht reimen.«

Christine Brückner